Publications mensuelles de l'IDÉE LIBRE, Brochure n° 69

HAN RYNER

LA PHILOSOPHIE D'IBSEN

(Avec un portrait hors-texte)

ÉDITIONS DE *L'IDÉE LIBRE*

Conflans-Honorine (Seine-et-Oise)

———

1923

La Philosophie d'Ibsen

Publications mensuelles de l'IDÉE LIBRE, Brochure n° 69

HAN RYNER

LA PHILOSOPHIE D'IBSEN

(Avec un portrait hors-texte)

ÉDITIONS DE L'IDÉE LIBRE

Conflans-Honorine (Seine-et-Oise)

—

1923

La Philosophie d'Ibsen [1]

Le Français exige des vérités toutes faites, bien simples et bien stables. Avide de précisions affirmatives ou négatives, son impatience définit le soleil d'après les pâleurs de l'aube. Aussitôt qu'ils connurent une pièce d'Ibsen, nos critiques se firent d'Ibsen un portrait net et immuable. Plus tard, quand d'autres drames ne se laissèrent pas enfermer dans leur système, ils déclarèrent bravement qu'Ibsen se contredisait, qu'Ibsen se réfutait et se raillait lui-même.

Fausse de pauvreté sèche et de précision immobile, l'image qu'ils se font d'Ibsen le trahit comme une traduction à la fois gauche et infidèle. Un homme que divers publics écoutent parce que sa nature vulgaire et son éducation raffinée lui permettent d'être à la fois le disciple de Sarcey et le disciple de Renan, M. Jules Lemaître, s'obstine à ne voir en Ibsen qu'un George Sand tardif ou un Dumas petit-fils. Or, entre George Sand, individualiste de passion qui chante, crie ou bégaie, et Ibsen, individualiste de raison, il n'y a d'intéressant que des différences.

---

(1) Conférence faite, le 18 janvier 1904, à la *Coopération des Idées*, au lendemain d'une représentation de *Maison de poupée*.

Et, pour comparer à Dumas fils (2), conseiller de meurtre et moraliste d'asservissement, le grand Norvégien libérateur, il faut toute la sottise d'un critique professionnel. George Sand, d'ailleurs, et Dumas fils ont écrit des pièces à thèse. Ibsen compose, si j'ose dire, des pièces à problème. Les deux Français nous recommandent : « Sois ceci » ou « Sois cela ». Le Scandinave dit seulement : « Sois toi-même » ou mieux : « Ce que tu es, sois-le pleinement. » Il déclare dans un poème : « Je ne fais que poser des questions, ma mission n'est pas de répondre. » Son Rosmer, à l'heure des plus hautes ambitions et des plus vastes espérances, ne songe pas à conduire les hommes. « Je veux seulement les réveiller, dit-il ; c'est à eux d'agir ensuite. »

Sans doute, les problèmes qu'Ibsen nous propose, il se les pose et il les résout pour lui. Mais la solution doit presque toujours varier avec chacun, et même les rares et très simples vérités morales applicables à tous les hommes, je ne puis les découvrir qu'en moi. Les questions peuvent être posées du dehors ; les réponses, il ne l'oublie jamais, doivent venir du dedans.

Non seulement les critiques français nous présentent comme universelles des réponses qui n'ont qu'une valeur personnelle, mais encore presque toujours c'est un fragment de la réponse, ou même de la question qu'ils prennent pour la solution totale. Ibsen est un génie du Nord, il tient à la richesse complexe de la pensée plus qu'à sa précision apparente et, pour arriver à une conclusion précise et rassurante, il ne sacrifie pas, à la mode des dogmatiques latins, tout un côté du problème. Selon la méthode de Hegel, qui semble traduire philosophiquement l'allure naturelle de la pensée germanique, il tient à la thèse autant qu'à l'antithèse et, qu'elle soit provisoire ou définitive, rêvée ou affir-

---

(2) Dumas fils est peut-être l'écrivain arrivé autour duquel les critiques allèrent braire les éloges les plus criards et les parallèles les plus saugrenus. M. Paul Bourget ne le compara-t-il point à... Moïse ?

mée, il exige surtout de la synthèse qu'elle ne laisse rien perdre des richesses les plus contradictoires. Aussi les critiques simplistes considèrent comme des boutades sans importance, ou comme l'expression de découragements passagers, des pièces — *Peer Gynt* et *Le Canard sauvage*, par exemple — qui disent tout un côté de la pensée d'Ibsen, un côté aussi précieux que l'autre. Ces gens-là laissent perdre beaucoup de ce qu'on leur donne ; ils ne comprennent un penseur qu'en le privant de la moitié de lui-même et en immobilisant l'autre moitié dans je ne sais quelle paralysie rabâcheuse.

*_**

Examinons rapidement quelques-uns des problèmes qu'Ibsen se pose et nous propose.

D'abord le plus pressant peut-être et qui serre tant d'êtres dans les nœuds d'une angoisse continue, le problème de l'union de l'homme et de la femme. Le voici posé dans *La Dame de la mer*, dans *Maison de poupée*, dans *Le Canard Sauvage*.

Ellida, la dame de la mer, a fait avec le sérieux Wangel un mariage de convenances. Sa pensée appartient à un fiancé mystérieux, qui vint un jour puis disparut avec son vaisseau. Or le fiancé de mystère et de désir revient et rappelle à Ellida l'ancienne promesse. Séduite par le rêve et par la mer, elle va le suivre. Wangel n'essaie de la retenir ni par la force ni par des arguments. Il lui dit : Tu es libre, fais ce que tu voudras et sois seule responsable de tes gestes. Dès lors, le fiancé mystérieux cesse de représenter l'infini de la liberté ; il est une précision comme une autre, une possibilité aussi indifférente qu'une autre. Et Ellida reste auprès de Wangel. Car il a compris que rien n'est sacré, sauf la spontanéité des êtres, et il n'a pas fait appel aux conventions sociales ou au mensonge des droits apparents.

Maison de poupée, c'est Nora, qui, douloureusement et fièrement, se dégage du mensonge. La véritable union ne peut être fondée que sur la vérité, sur la pleine et mutuelle connaissance de deux êtres. Comment accepterais-je valablement ce que j'ignore ? Comment donnerais-je librement ce que j'ignore ? Nora s'enfuit, car, dans la maison de poupée, dans la cage d'écureuil ou d'alouette qu'on lui a faite, la véritable union est impossible. Des deux êtres qu'un mensonge rapprochait extérieurement, l'un s'éveille à peine, en un grand besoin de solitude ; l'autre dort toujours. Le banal Helmer reste un amas informe de préjugés et de conventions. Il n'est pas un individu déterminé par une activité personnelle ; il est, quelconque, l'animal social. Parce qu'il ne sait rien de lui-même, il ose juger autrui. Il ose condamner celle que le rythme de sa propre respiration sommeillante endormait. Et lui qui tombe sous toutes les indulgences méprisantes il pousse l'outrecuidance jusqu'à pardonner ou absoudre. Or, il condamne et il absout — telle est l'allure de la sottise sociale — selon les résultats. Ici il y a, attaché à un cadavre, un être qui entend le premier appel de la vie. Fragile encore, pauvre commencement incertain, Nora, qui va se créer tout entière, se doit d'abord de briser le lien infâme et de s'arracher par la fuite à la compagnie asphyxiante.

Mais voici, dans *Le Canard Sauvage*, une autre face de la pensée d'Ibsen. Le photographe Hialmar ignore que sa femme Gina eut un amant et que l'aisance relative du ménage est due à cette ancienne faute. Grégoire Werlé, naïf idéaliste, lui apprend la vérité qui, croit-il, créera chez les deux êtres une noble et salutaire crise d'âme et leur permettra de fonder la véritable union. Or, Gina reste dans son inconscience lourde, bêtement innocente. Le vaniteux Hialmar, qui tout à l'heure déclamait des phrases satisfaites, songeant maintenant à l'attitude qui convient à un homme tel que lui dans une telle situation,

déclame des phrases dures ou douloureuses. Bientôt la vie recom-
mencera ici à peu près telle qu'elle était, aussi superficielle et
plus ignoble, avec çà et là des heures d'acrimonie et des journées
de haine sourde. Mais la crise a tué le plus charmant et le plus
affectueux des êtres, Hedwige, la fille de Gina. Devant le cadavre lamentable, Hialmar varie ses déclamations. Et le médecin
Relling explique à Grégoire, parmi les reproches mérités, que
la plupart des hommes ont besoin du « mensonge vital » et que
c'est un meurtre de le leur arracher.

Et les critiques français de s'étonner. Cet Ibsen qui voulait
la vérité à la base de toutes les relations humaines, voici qu'il
fait l'éloge du « mensonge vital ». Ibsen, en ridiculisant et en
condamnant Grégoire Werlé, se raille et se réfute lui-même.

Il n'en est rien. Nora a raison parce qu'elle agit sur elle-
même. Grégoire a tort parce qu'il essaie d'agir sur d'autres.
Nora a raison d'être une individualiste. Grégoire a tort d'être
un apôtre et un réformateur. C'est à moi seul que j'ai le droit
et le devoir de dire les vérités personnelles et d'adresser les
réclamations de l'idéal. Dès que je parle à un autre, je suis
peut-être devant un fantôme formé d'habitudes et de mensonge
vital. Je n'ai plus le droit de dire que les vérités générales. Elles
suffiront à éveiller ceux qui peuvent supporter la veille. Elles
resteront inentendues des autres. Ou, si elles inquiètent un instant
et irritent contre moi, elles seront le fardeau proposé à tous, chargé
sur personne, dont le faible s'éloigne bientôt avec indifférence.

Tous les problèmes se posent dans l'esprit d'Ibsen de façon
aussi originalement et aussi génialement complexe. Le problème
social ne sera résolu ni par le mensonge conservateur, ni par le
mensonge révolutionnaire, ni par la vérité. La source empoi-
sonnée, qui tue les individus, permet seule au groupe de persister.
Celui qui la signale risque de sauver un homme, mais devient

sûrement l'*Ennemi du peuple*. Les organisations sociales, fantômes nourris de mensonge vital, ne sont que nuisibles ; je n'ai pas à craindre ici d'être indiscret et je dois, soit à moi-même, soit aux rares qui peut-être m'entendront, de proclamer toute la vérité antisociale que je connais.

La vérité religieuse fait aussi de celui qui ose la dire un ennemi du peuple. Brand, tant qu'il se trompe, tant qu'il essaie seulement de renverser une Eglise pour en bâtir une plus grande, a des partisans nombreux. Lorsque, enfin, il s'avoue à haute voix que toute Eglise est un mensonge, le peuple l'écoute encore et même il le suit sur les hauteurs. Mais c'est le malentendu d'une heure. La foule a suivi celui qu'elle avait l'habitude de suivre, mais elle l'a suivi parce qu'elle ne l'a pas compris. Elle n'a pas compris qu'il n'y a d'autre but que la route ; naïvement elle croit marcher vers une Terre de Promission. Voici que bientôt elle réclame le prix des sacrifices. Elle entend la réponse avec indignation. Elle fuit l'apôtre maudit dès qu'elle entend que le sacrifice n'a d'autre prix que lui-même, qu'il n'y aura pas de récompense extérieure et qu'on ne monte pas sur les sommets dans l'espoir fou de les trouver matériellement fertiles ; mais pour voir plus de ciel et plus d'espace.

*
* *

Ainsi la foule ne sera pas sauvée et tout apostolat reste une naïveté. Le problème du salut collectif est insoluble. Que le peuple accepte donc au hasard tel ou tel « mensonge vital » et qu'il salue des rédempteurs successifs dans les charlatans les plus divers. Mais l'individu, comment se sauvera-t-il ?

Il y a, dans les pièces d'Ibsen, de pauvres êtres conscients mais déjà en proie à la mort, de misérables hommes que les fautes de la race ont tués d'avance. Tel le docteur Rank dans *Maison de poupée*. Tel Oswald dans *Les Revenants*. Ceux-là n'auraient pas le temps de se créer une véritable vie morale. Ils peuvent seulement cueillir le jour, goûter au peu de joie de vivre qui veut bien d'eux. Ils ne possèderont point leur rêve : Rank ne sera pas aimé de Nora ; Oswald n'épousera pas Régine. Ils s'amuseront d'un peu de tabac et d'un peu de vin. S'ils sont des sages comme le docteur Rank, ils aimeront les plaisirs légers et seront reconnaissants à qui remplira leur verre ou leur offrira le cigare et le feu. Mais ils gémiront, crieront, exigeront qu'on leur donne « le soleil », si, comme Oswald, ils agonisent dans la force folle de la jeunesse.

L'être qui a devant lui quelque durée probable et qui aspire à devenir un individu, une harmonie, que fera-t-il ?

D'abord, il se dégagera de tous les préjugés, il rejettera toutes les « missions » qu'on veut lui imposer du dehors, celles-là même que son ignorance d'hier a paru accepter. Il échappera aux tyrannies. comme Nora ou comme Erhart Borkman. Erhart repousse le devoir étranger, la « mission » dont sa mère prétend le charger; il écarte a tante qui, au nom de l'affection, l'immobiliserait quelque temps dans un passé aimable, mais qui se meurt ; il fuit son père qui l'entraînerait à une activité apparente dont le principe n'est pas en lui. Il part vivre sa vie. Il part avec une aventurière. Qu'importe ? Il va cueillir un peu de joie de vivre, et une déception viendra demain qui peut-être lui enseignera son âme. En fuyant toutes les tyrannies extérieures qui se proclament des devoirs, il garde quelque chance de devenir un individu.

Mais cette rupture avec le passé qu'on n'a pas créé ne suffit pas à constituer l'individu. Quel usage l'affranchi fera-t-il de sa liberté ?

S'enfermer indéfiniment en soi-même, c'est égoïsme, non individualisme. L'individu descend en lui-même pour trouver ses vrais motifs d'agir, mais, dès qu'il les a délivrés des mobiles étrangers, il les laisse agir. Son harmonie se crée à la fois au dedans et au dehors, et les paroles que Solness prononce sur le sommet des tours sont entendues en bas comme des chants de harpe. Une des pièces les plus touffues et les plus curieuses d'Ibsen, *Peer Gynt*, est employée à la satire de l'égoïsme. Nous y rencontrons des êtres que l'égoïsme avilit jusqu'à la plus boueuse sottise, d'autres qu'il exaspère jusqu'à la folie. Les *trolls*, qui vivent sous terre, ont pour maxime : « Borne-toi à toi-même. » Ce qui veut dire : « Chacun pour soi » et aussi : « Ne reçois rien d'étranger. » Nous connaissons des *trolls* de France qui se donnent une double mission, peut-être contradictoire : défendre l'esprit français contre les apports du dehors ; prouver que le dehors ne fait jamais que nous renvoyer des idées françaises. — Peer Gynt pénètre aussi dans une maison de fous où l'on proclame : « Chacun ici s'enferme en soi-même comme dans un tonneau. C'est dans le puits du soi-même qu'on en durcit le bois. C'est avec le bouchon du soi-même qu'on le ferme. C'est le soi-même qu'on y fait fermenter. » Ces fous acclament Gynt « empereur du soi-même », car il s'est toujours efforcé de vivre son moi *gyntien*, son moi égoïste, son moi de passions et d'appétits. Or ce moi superficiel varie selon les temps et les milieux, porte la marque de mille empreintes successives et obéit à tous les vents. Le véritable moi est plus profond, activité et non passivité, raison et non appétit, constance et harmonie et non caprice ou impatience. La surface de la mer est seule soulevée par les tempêtes ; les profondeurs restent calmes. Et tous les grands individualistes savent que c'est dans la partie stable et raisonnable de notre être que nous pouvons trouver le refuge et édifier le temple serein.

Non moins que celui qui s'enferme en lui-même pour y faire fermenter passions et folies, est méprisable celui qui essaie de s'agrandir et de se multiplier aux dépens des personnalités voisines et qui, des autres hommes, veut faire des monnaies banales frappées à son effigie. Nul n'a ce droit régalien qu'osent s'arroger conquérants et apôtres. Conquérants et apôtres seront vaincus et détruits par leur propre tentative. Jean-Gabriel Borkman ne réveillera pas « les esprits dormants de l'or », mais, « Napoléon blessé dès sa première bataille », il vivra isolé dans sa chambre étroite, Sainte-Hélène d'impuissance et de folie mélancolique. Et, pour obtenir les moyens de livrer l'inutile combat, pour courir à l'irrémédiable défaite, il a dû tuer en lui-même et en celle qu'il aimait tout ce qui rend la vie digne d'être vécue. La simple tentative de conquête a anéanti deux individus, et le conquérant est l'un des deux. Des entreprises plus modestes que celle de Jean-Gabriel Borkman ne sont pas moins meurtrières. Hedda Gabler rêve d'influer sur un seul homme, de peser sur une seule destinée. Toute influence est mauvaise à qui la subit et à qui l'exerce. Dès que j'essaie de peser sur une destinée étrangère, je fais peser cette destinée sur mon propre sort. La tentative d'Hedda Gabler aboutit logiquement à tuer, après Eilert Lovborg, Hedda Gabler.

Nous avons vu quel mal ridicule crée un apôtre quand il s'appelle Grégoire Werlé. S'il est, comme Brand, une intelligence puissante, il devient plus dangereux encore. Brand sacrifie la vie de sa femme et la vie de son fils à une Eglise en qui demain il verra un mensonge. Et son apostolat n'a sur lui d'autre effet que de retarder l'heure où il connaîtra la vérité.

*
* *

Conquérants et apôtres sont vaincus d'avance parce qu'ils sont des attardés. Ils appartiennent à des formes humaines qu'il faut dépasser. Le conquérant est un phénomène atavique qui relève du « premier royaume », du « royaume de la matière et de « la joie de vivre ». L'apôtre est aussi un revenant ; il vient du « second royaume », du royaume de la croix et du sacrifice. L'individu, lui, est déjà entré dans le troisième royaume, dans cette patrie qu'Ibsen définit toujours avec une obscurité émue. « Le troisième est le royaume du grand mystère, le royaume qui doit être fondé à la fois sur l'arbre de la connaissance et sur l'arbre de la croix, parce qu'il les hait et les aime toutes les deux et que les sources de sa vie sont dans le paradis d'Adam et sur le Golgotha. » Il y a quelque confusion et des méprises peut-être volontaires dans les termes qu'Ibsen emploie parfois pour désigner les trois royaumes. Je crois pourtant comprendre pourquoi l'individu aime la croix et la déteste, aime la joie et la déteste. Ni l'une ni l'autre ne suffit. Joie continue et douleur continue sont également des endormeuses. Les deux sont nécessaires, et leur choc, et leur querelle, pour éveiller une conscience. Celui qui fut d'abord heureux ne risque de comprendre que dans la souffrance ; celui qui d'abord souffrit ne verra qu'au soleil de la joie. Ibsen, fils des brumes et des persécutions, prit conscience de lui-même dans la lumière italienne. La vie véritable ne coule toute entière ni de la seule source du paradis, ni de la seule source du Golgotha. Elle se dresse au noble paysage élargi où les deux vallées se rencontrent, où les deux ruisseaux se heurtent et se mêlent pour former le grand fleuve humain.

Certains des mots dont Ibsen définit le troisième royaume me font craindre que son idéalisme s'adultère d'un peu de matérialisme et qu'il y ait sur son rêve je ne sais quelle lourdeur eudémoniste. Il semble bien qu'il annonce à l'individu la puissance matérielle autant que l'essor spirituel. Peut-être ignore-t-il que le bonheur est une forme dont la matière n'importe point, une statue qui n'est pas moins belle ou moins précieuse quand elle est sculptée dans une pierre pauvre.

Peut-être — je ne sais — croit-il aussi que les hommes de l'avenir entreront tous ou à peu près tous dans ce troisième royaume. S'il le croit, il se trompe encore. Même sa chronologie, si elle est autre chose qu'un symbole ou une facilité d'exposition, devient une erreur de plus. Peu d'hommes, à quelque époque que ce soit, ont possédé avec plénitude la connaissance et la joie de vivre. Peu d'hommes furent, aux siècles les plus agenouillés, de parfaits et complets chrétiens, appartinrent puissamment au royaume de la croix. Quelques-uns, depuis longtemps, sont entrés au troisième royaume : il ne fut point fermé aux Socrate, aux Epicure, aux Epictète. Et toujours ici, comme aux pays moins largement humains, il y aura beaucoup d'appelés et peu d'élus. Ceux-là seuls seront élus qui entendront venir, non du dehors, mais d'eux-mêmes, le noble appel, la *vocation*, l'ordre efficace de repousser les contraintes extérieures, intérêts ou devoirs, pour obéir à la seule contrainte intérieure et pour devenir pleinement ce qu'ils sont.

Han RYNER.

Autres œuvres de HAN RYNER

En vente à l'IDÉE LIBRE, Conflans-Honorine (Seine-et-Oise)

Les Pacifiques.
Le Fils du Silence.
La Tour des Peuples.
Les Paraboles Cyniques.
Les Apparitions d'Ahasvérus.
Le Père Diogène.
Les véritables entretiens de Socrate.
Le Cinquième Evangile.
Les Voyages de Psychodore.

Chaque volume : 7 fr. 85 franco.

Le Petit Manuel Individualiste............................ 2 fr. 80
Le Subjectivisme.. 4 fr.
Les diverses sortes d'Individualisme...................... 1 fr. 15
Liberté ou Déterminisme ?............................... 0 fr. 60
Contre les Dogmes...................................... 0 fr. 30